Angelika Nowotny

Mutter Gans und Hase Franz

Osterbasteleien mit Moosgummi

frechverlag

...und Vater Hahn schaut in die Welt hinaus

(Abbildung Seite 1)

Material:
Moosgummi 3 mm: Weiß
Moosgummi 2 mm: Rot, Orange
Moosgummi gestreift
2 schwarze Glassteine, 7 mm Ø
Holzstab mit Adapter, Schleifenbänder

1

Flügel und Beine kleben Sie hinter den Körper. Die Füße befestigen Sie Kante auf Fläche mit den Beinen an den markierten Stellen. Der Schnabel wird kantig aufgeklebt. Den Hahnenkamm hinter dem Kopf fixieren und das Kehlläppchen unter dem Schnabel anbringen.

2

Für die Schleife aus dem gestreiften Moosgummi ein Rechteck schneiden. Dieses in der Mitte zusammendrücken, einen länglichen Streifen um die schmale Stelle legen und auf der Rückseite verkleben. Die Schleife anbringen, Augen aufkleben und das Gesicht aufmalen.

3

Kleben Sie nun aus einem Moosgummistreifen einen Ring, und positionieren Sie ihn auf der Rückseite des Hahns unterhalb des Kopfes. Auf das Ende des Stabes stecken Sie den Adapter, der dann durch den Ring geschoben wird. Verschiedene Schleifenbänder schmücken den Gartenstecker.

Fotos: frechverlag GmbH + Co. Druck KG, 70499 Stuttgart;
Fotostudio Ullrich & Co., Renningen
Zeichnungen/Illustrationen: Angelika und Peter Nowotny

Auflage: 5. 4. 3. 2. 1. | Letzte Zahlen
Jahr: 1999 98 97 96 95 | maßgebend

frechverlag GmbH + Co. Druck KG, 70499 Stuttgart
ISBN 3-7724-1881-3 · Best.-Nr. 1881
Druck: frechverlag GmbH + Co. Druck KG, 70499 Stuttgart

Der Frühling kommt ins Land gezogen,
und was ich jetzt erzähl' ist nicht gelogen.
Da kommt der Hase Hans gehüpft,
zu schauen, was aus dem Ei dort schlüpft.
Ein kleines Küken schaut ganz munter:
draußen ist die Welt viel bunter!
Wer hat denn diese Farbenkleckserei gemacht
und dabei auch noch laut gelacht?
Die Ostereier sind jetzt schön verziert,
doch auch der ganze Boden ist verschmiert.

Wem bringt der Hase Klaus
nur diesen schönen Blumenstrauß?
Er hüpft ganz schnell ins große Haus,
und kommt laut singend wieder raus.
Auf dem Teich schwimmen voller Wonne
Hahn und Has' gemütlich in der Sonne.
Im Blumentopf, ei, siehe da,
küßt sich ganz lieb ein Hasenpaar.
Und Mutter Gans und Hase Franz
führen auf den Ostertanz.

Wer saust dort mit dem Skateboard über die Terrasse?
Ein ganz moderner Osterhas', ist das nicht klasse?
Wollt Ihr auch so lustige Gesellen in Haus
und Garten haben,
so kann ich Euch nur eines sagen:
Sie sind aus buntem Moosgummi,
ganz einfach nachgemacht,
das geht ganz toll, hättet Ihr das gedacht?

Viel Spaß beim Basteln
wünscht

Angelika Nowotny

Material und Arbeitsschritte

Für die Modelle benötigen Sie Moosgummi in verschiedenen Farben und in den Stärken 2 mm und 3 mm. Eine hübsche Ergänzung sind auch gestreifte und Graffiti-Moosgummiplatten. Die Buchstaben erhalten Sie bereits fertig ausgestanzt.

Zum Übertragen legen Sie einen Bogen Transparentpapier auf die Vorlage des gewählten Motives.

Zeichnen Sie dann alle einzelnen Teile ohne Überschneidungen nebeneinander auf das Transparentpapier. Diesen Bogen auf Karton kleben und die Einzelteile ausschneiden. Die ausgeschnittenen Schablonen auf das Moosgummi legen und mit einem weichen Bleistift oder einem Phantomstift die Konturen nachziehen.

Die meisten Teile werden mit einer scharfen Schere ausgeschnitten.

Gerade Linien oder Winkel lassen sich am einfachsten mit Hilfe eines Metall-Lineals und eines Cutters schneiden. Arbeiten Sie hierbei auf einer festen Unterlage oder Schneidematte. Für runde Teile eignet sich hervorragend ein Kreisschneider.

Zum Kleben ist Sekundenkleber, UHU-Kraft oder eine Heißklebepistole geeignet. Einige Teile werden Kante an Kante geklebt, andere überlappend.

Zum Verzieren der einzelnen Modelle bietet der Bastelhandel verschiedene Effektliner oder Plusterfarben; beachten Sie hierbei bitte die Angaben der jeweiligen Hersteller. Die Gesichter und einige Konturen zeichnen Sie mit einem wasserfesten, dünnen schwarzen Filzstift. An einigen Modellen werden Plakataufhänger angebracht, andere Teile werden z.B. nur mit Fäden befestigt.

Frühlingsstimmung bei Mr. und Mrs. Hase

Material:
Moosgummi 2 mm: Braun, Rot, Gelb, Grün, Bunt
Drahtstiele, ca. 1 mm Ø
Wackelaugen, 5 mm Ø
Satinbändchen für kleine Schleife

1

Die Köpfe auf die Körper der beiden Hasen kleben. Anschließend die Augen und Schleifen aus Moosgummi bzw. Satinband anbringen. Die verliebten Gesichter werden zum Schluß aufgemalt. Die zwei Hasen nebeneinanderstellen. Je einen Arm und ein Ohr der beiden verknüpfen.

2

Die Steckdrähte mit Blüten und Blättern aus Moosgummi verzieren. Einen ca. 30 cm langen Draht in der Mitte über ein rundes Gefäß biegen. Diesen Bogen hinter die Hände des Hasenpaares kleben und mit einigen Herzchen schmücken.

3

Befestigen Sie zuletzt einen Steckdraht hinter dem Hasenpaar und arrangieren Sie alle Teile in einem Blumentopf.
Fertig ist ein zauberhafter Blickfang.

1, 2, 3 ... Ostersammelei

Material:
Moosgummi 3 mm: Weiß, Dunkelblau
Moosgummi 2 mm: Braun, Beige, Rosa, Gelb, Grün, Grau, Lavendel, Pink
2 Wackelaugen, 7 mm Ø
Wäscheklammern
Perlmutt- und Decorlackliner

1

Eine große weiße Platte (ca. 30 x 45 cm) längs in der Mitte mit einem Cutter durchschneiden und an den schmalen Kanten zusammenkleben. Zur Verstärkung auf der Rückseite einen ca. 5 cm breiten Moosgummistreifen über der Schnittkante anbringen. Am oberen und unteren Teil der weißen Latte grüne Wiesenstücke befestigen. Hierbei nur auf die untere Hälfte Klebstoff geben, der obere Teil mit den Grashalmen bleibt unverklebt, da noch verschiedene Teile dahintergesteckt werden.

2

Nun wird Meister Lampe die Latzhose angezogen. Hierzu die Träger über die Schultern auf den Rücken biegen und dort verkleben. Wolke, Steine, Sonne und die anderen Details laut Abbildung anordnen. Anschließend den Hasen auf den Stein setzen, die Beine anwinkeln und nur die Fersen mit Klebstoff fixieren.

3

Die kleinen und großen Eier mit Decorlack- und Perlmuttliner verzieren. Die kleinen Eier in die Wiese am unteren Ende legen, auf die Rückseite der großen Eier Wäscheklammern kleben.
An dieser Pinnwand gehen bestimmt keine Einkaufslisten, Osterrezepte oder Grußkarten verloren!

Einkaufen
- Ostereierfarbe
- 20 Eier

Ei, was schlüpft denn da?

Material:
Moosgummi 2 mm: Rot, Gelb, Grau, Grün, Dunkelbraun, Lavendel, Hellblau, Braun, Weiß, Rosa, Lila
Plastikeier zum Öffnen: 7 x 10 cm
4 Glassteine, 3 mm Ø
Holzstäbe, ca. 10 mm Ø, mit Adapter
Schleifenbänder

1

Auf eine eiförmige Grundplatte zunächst einen Moosgummistein, Grasbüschel und den Hasen Knickohr mit Pinsel und einer Schleife aufkleben. Ein rechteckiges Moosgummistück zu einem Farbtopf zusammenkleben, mit Decorlack füllen und mit einem weiteren Grasbüschel in den Vordergrund stellen. Ein Osterei anbringen.

2

Das Küken in sein Ei setzen und auf die zweite Grundplatte kleben. Im Vordergrund verschiedene Grasbüschel, Tulpen und Ostereier anordnen.

3

Die fertig gestalteten Grundplatten halten ohne Klebstoff in den Plastikeiern.
Zuletzt die Holzstäbe mit den Adaptern auf die Aufhänger stecken und mit einer hübschen Schleife verzieren.

Willkommen bei Hase Hans und Mutter Gans

Material:
Moosgummi 3 mm:
Hellblau
Moosgummi 2 mm:
Flieder, Lila, Rosa, Pink,
Mint, Weiß, Braun,
Türkis, Lavendel
Ausgestanzte
Moosgummi-Buchstaben
in verschiedenen Farben
4 Wackelaugen,
5 mm Ø
Schleifenband

1

Befestigen Sie die Wiese am unteren Teil der Wolke. Nun bei Hase Hans die Ohreninnenteile und Augen anbringen und das Gesicht aufmalen. Die Arme und Hände von beiden Seiten an den Oberkörper kleben und anschließend die Hose anziehen. Die Füße und das Stummelschwänzchen fixieren und dann den Hasen mit ein paar Eiern ins Gras legen. Einige Eier dabei hinter die Gräser schieben.

2

Die Gans mit Füßen, Flügel, Augen und Schnabel versehen. Ein Schleifenband um den Hals binden und die komplette Gans neben den Hasen kleben.

3

Nun die Buchstaben positionieren und dann aufkleben.

WILLKOMMEN

Ein Blumenstrauß vom Hasen Klaus

Material:
Moosgummi 3 mm:
Mittelbraun
Moosgummi 2 mm:
Hellgrün, Gelb, Rosa,
Weiß, Graffiti
2 schwarze Glassteine,
7 mm Ø
Holzstab mit passendem
Adapter
Schleifenbänder

1

Die Ohrinnenteile anbringen.
Dann die Haare, das Mundstück sowie das herzförmige Näschen fixieren. Die Steine als Augen aufkleben und nun Gesicht, Pfoten und den Bauchnabel aufmalen.

2

Den Blumenstrauß auf die Mitte der rechten Pfote kleben, die Finger um die Blütenstiele biegen und fixieren.

3

Aus dem Graffiti-Moosgummi wird die Schleife geformt.
Das größere Rechteck in der Mitte mit zwei Fingern zusammenraffen, mit der anderen Hand das längliche Rechteck um die zusammengedrückte Mitte legen.
Den schmalen Streifen auf der Rückseite gut verkleben und die ganze Schleife dann unter dem Kinn plazieren.

4

Für die Stabbefestigung einen Ring aus einem Moosgummistreifen kleben und auf dem Rücken des Hasen Klaus in Höhe der Schleife befestigen.
Einen Adapter auf den mit Schleifenbändern verzierten Holzstab stecken und diesen in den Moosgummi-Ring schieben.

Auf geht's zum Osterfrühstück

Material:
Moosgummi 2 mm:
Braun, Rot, Gelb, Grün, Weiß
Satinbändchen:
Gelb, Rot
Schwarze Glassteine, 3 mm Ø
Drahtstiele, ca. 1 mm Ø

1

Die weißen Gesichtsteile bei den Stecker-Hasen aufkleben und den Kopf am Hals befestigen.
Die Gesichter und Details aufmalen, die Augen und Schleifen ankleben.

2

Jedem Langohr eine Tulpe in die Pfote geben und auf dem Hasenrücken die Steckdrähte anbringen.

3

Eine originelle Ergänzung zu den Steckern sind die passenden Serviettenhalter, die auch gleichzeitig als Tischkarte dienen.

Einfach durch den ovalen Ausschnitt im Bauch eine Serviette schieben und den Namen in die Tulpe schreiben.

Sie können zur Abwechslung bei diesen Hasen die Vorlage spiegelbildlich verwenden.

Vati
Mutti

Bunny Cool nach getaner Arbeit

Material:
Moosgummi 3 mm: Dunkelgrün
Moosgummi 2 mm:
Braun, Weiß, Rot, Hellblau, Schwarz
Gelbe Moosgummi-Kugel, 35 mm Ø

1

Kleben Sie die zwei weißen Blüten versetzt übereinander und die gelbe Kugel in das Blütenzentrum. Biegen Sie nun die Blütenblätter etwas hoch, und fixieren Sie sie an der Kugel.

2

Bunny Cool und das Blatt ausschneiden. Nun das Gesicht, die Blattadern und Details aufmalen und Bunny zusammenkleben. Den sonnenhungrigen Hasen mit seinen spärlichen Accessoires bekleiden und auf dem Blatt drapieren. Dabei die Beine etwas anwinkeln und die Füße kantig aufkleben.

3

Für den Becher ein Moosgummi-Rechteck zu einer Röhre zusammenkleben, den bemalten Strohhalm in den Becher stecken und etwas Decorlack einfüllen. Ob zu Land oder Wasser, Bunny Cool ist immer ein origineller Blickfang!

Ein Bad in der Sonne ist die reinste Wonne!

Material:
Moosgummi 3 mm:
Dunkelgrün
Moosgummi 2 mm:
Weiß, Orange, Gelb, Rot,
Schwarz
Blaue Moosgummi-Kugel,
35 mm Ø

1

Die Blüte wird, wie bereits bei Bunny Cool auf Seite 16 beschrieben, zusammengeklebt. Auch hier die Blattadern aufmalen.

2

Bringen Sie den Hahnenkamm, das Kehlläppchen und die Sonnenbrille an.

Der Schnabel und die Beine werden kantig aufgeklebt. Beide Flügel werden hinter dem Körper angeordnet.

3

Nur hinter Po und Kopf Klebstoff auftupfen.

Die Moosgummi-Kugel dient als Kopfkissen.

Die Beine werden ein bißchen angewinkelt, die Füße auf dem Blatt fixiert.

Der Ostereier-Jongleur

Material:
Moosgummi 3 mm:
Lavendel
Moosgummi 2 mm:
Braun, Pink, Lila, Rosa, Mint,
Dunkelbraun, Grün
Ausgestanzte Moosgummi-
Buchstaben in verschiedenen
Farben
2 Wackelaugen, 7 mm Ø
Perlmuttliner
Satinbändchen

1

Schneiden Sie die Grasfläche zweimal aus, und kleben Sie die beiden Teile versetzt untereinander an das große, lavendelfarbene Ei.
Der Hase bekommt eine Latzhose, deren Hosenträger über die Schultern gebogen und am Rücken befestigt werden.
Haare und Augen anbringen und den Kopf auf den Körper kleben.

2

Die Hosentasche wird zuerst beschriftet und dann plastisch aufgeklebt.
Hierzu die Kanten mit Klebstoff bestreichen, die Außenseiten etwas zusammendrücken und an der Hose befestigen.

3

Den Schriftzug und die größeren Eier vor dem Aufkleben richtig positionieren. Verzieren Sie nun die Eier mit Perlmuttliner, und malen Sie Gesicht und weitere Details auf.

4

Die Knöpfe ankleben und ein paar kleine Eier in die Hosentasche stecken.
Den Hals unseres Jongleurs ziert eine kleine Schleife aus Satinband.

FROHE OSTERN
OSTi

Wann kommt denn nur der Osterhas'?

Material:
Moosgummi 3 mm:
Beige, Weiß
Moosgummi 2 mm:
Weiß, Braun, Rosa, Grün,
Rot, Lila, Pink, Blau, Gelb
Uhrwerk und Zeiger
Perlmutt- und Decorlackliner
Schleifenband

1

An den langen Ohren die rosa Innenteile fixieren.
Haare, Augen, Mundteil und das herzförmige Näschen am Kopf befestigen. Das Gesicht aufmalen und den Kopf auf die Hasenschultern setzen.
Zusätzlich ziert eine hübsche Schleife den Hals.

2

Die Grasbüschel kleben Sie vor und hinter die Hasenfüße und plazieren die Ostereier zwischen den Grashalmen.
Die Eier werden mit Perlmuttliner hübsch verziert.

3

Kleben Sie das eiförmige Bauchteil an, und malen Sie mit Decorlackliner die Ziffern an den vorgegebenen Stellen auf.
Das Uhrwerk laut Herstellerangaben montieren, und fertig ist der österliche Zeitmesser!

12
1
2
3
4
5
6
7
8
9
10
11

Schäfchenausflug

Material:
Moosgummi 3 mm:
Grün
Moosgummi 2 mm:
Weiß, Rosa, Lila, Gelb, Orchidee
Kleine Messingglöckchen
Satinbändchen
6 schwarze Glassteine, 3-5 mm Ø
Pluster-Pen, Weiß
Perlmuttliner, Rosa

1

Bei den zwei äußeren Schafen zunächst je ein Glöckchen auf ein Satinband fädeln und dann beiden eine Schleife um den Hals binden. Kleben Sie die Schleifen bei den mittleren Schafen unter die Köpfe.

2

Anschließend alle Beine, Ohren und Haarteile anbringen. Die ganze Schäfchenfamilie auf der Wiese anordnen und mit vier Tulpen ausschmücken.

3

Näschen und Augen aufkleben, die Münder werden aufgemalt. Mit dem Pluster-Pen wird das Schafsfell angedeutet; die Ohrinnenteile sind mit Perlmuttliner aufgemalt.

4

Für die Ostereier schneiden Sie folgende Aufhängebändchen zu:
2 x 8 cm / 2 x 11 cm / 2 x 16 cm / 1 x 21 cm
Beginnen Sie mit den äußeren Eiern. Zunächst das Band hinter die Wiese kleben und am unteren Ende das Ei anbringen. Dann die weiteren Bänder an den markierten Stellen aufkleben. Das Ei mit dem längsten Band hängt genau in der Mitte. Zum Schluß noch alle Eier mit einer kleinen Satinschleife verzieren. Wenn Sie mögen, können die Eier noch farbig mit Perlmuttliner oder Decorlack ausgestaltet werden.

Ei, ei, ei, welche Farbenkleckserei!

Material:
Moosgummi 3 mm:
Braun, Dunkelgrün
Moosgummi 2 mm:
Grau, Pink, Lavendel, Weiß,
Beige, Dunkelbraun
Gestreiftes Moosgummi
Schleifenbänder
2 Wackelaugen, 7 mm Ø
Dekorlackliner, kleiner Pinsel
Holzstab mit Adapter

1

Kleben Sie Haar- und Mundteil auf. Näschen, Zähne und Augen anbringen. Den Kopf auf die Schultern setzen und den Hals mit der bunten Moosgummi-Schleife schmücken. Das Gesicht wird aufgemalt. In eine Hand bekommt der Maler eine Mischpalette mit bunten Klecksen aus Decorlack, in die andere Hand einen echten kleinen Pinsel. Die Finger um den Pinsel kleben.

2

Für die Farbeimer die Moosgummi-Rechtecke jeweils zu einer Röhre kleben und unten den runden Boden aufsetzen. Die Eimer bis zu 2/3 mit einem Stück Papiertuch füllen und den Rest mit Decorlack auffüllen. Nun die Eimer noch mit der passenden Farbe beschriften und samt Eiern auf dem Blatt fixieren. Den Hasen befestigen.

3

Einen Moosgummi-Ring auf dem Hasenrücken befestigen und den Holzstab mit dem Adapter hindurchschieben.

4

Unterhalb der Hasenfüße wird der längste Moosgummistreifen um den Holzstab gewickelt und festgeklebt. Auf das entstandene Plateau das Blatt kleben. Ein buntes Schleifenband unter dem Blatt gibt den letzten Pfiff.

Pink

Mit dem Skateboard sind die Eier schnell verteilt

(Vgl. Titelseite)

Material:
Moosgummi 2 mm:
Blau, Hellblau, Braun, Lila, Rot, Gelb, Dunkelbraun, Grün
Gestreiftes Moosgummi
Teilbare Plastik-Gartenkugel
2 Wackelaugen, 5 mm Ø
4 Holzperlen, 6 mm Ø
5 cm Moosgummi-Schnur, 4 mm Ø
2 schwarze Moosgummi-Röhrchen (Hohlschnüre)
Decorlackliner, Schleifenband, Schneidezirkel

1

Bei unserem Hasen die Mütze und die Augen anbringen und den Kopf mit dem bemalten Gesicht am Körper fixieren. Das Schirmteil der Mütze kantig befestigen. Die obere Kante des Nickituches wird eingeschlagen, um den Hals geknotet und auf dem Rücken mit etwas Klebstoff fixiert. Die Hose besteht aus einem windelähnlichen Teil. Dieses wird um den Unterleib gelegt und an den Seiten verklebt. Nun Tuch und Hose verzieren und schließlich die Füße anbringen. Für den Tragekorb ein Rechteck zur Röhre kleben und die Längsstreifen als Tragegurte anbringen. Die Hasenarme durch diese Laschen ziehen und ein paar bunte Eier in den Korb kleben.

2

Als Achsen und Räder für das große Skateboard dienen Moosgummi-Röhrchen mit eingeklebten Holzperlen, für das kleine nehmen Sie zwei Stücke einer 4 mm dicken Moosgummi-Schnur.

3

Die Füße und der Schnabel vom kleinen Tweety werden kantig angeklebt, die Flügel hinter dem Körper angebracht. Setzen Sie die beiden auf die Skateboards.

4

Alle Kreise im angezeichneten Durchmesser ausschneiden und der Größe nach übereinanderkleben.

Auf dem größten Kreis Grasbüschel, teils kantig, teils plan, aufkleben und die beiden Skateboardfahrer auf die Wiese stellen.
Die Wolken in den hinteren Teil der Kugel kleben und die Wiese samt Figuren in einer Kugelhälfte fixieren.
Die Kugel schließen, den Stock befestigen und mit einer Schleife verzieren.

Ein Ostergarten zum Träumen

Material:
Moosgummi 4 mm:
Braun
Moosgummi 3 mm:
Blau, Hellgrün, Dunkelgrün
Moosgummi 2 mm:
Lavendel, Rosa, Braun, Beige,
Dunkelbraun, Lila, Weiß
3 schwarze Glassteine, 5 mm Ø
2 schwarze Glassteine, 3 mm Ø
Perlmuttliner
Satinbändchen mit Glöckchen

1

Für die große Wiese (ohne Vorlage) benötigen Sie eine 3 mm starke Platte in der Größe 50 x 70 cm.
Da der Baumstamm besonders stabil sein sollte, schneiden Sie ihn aus 4 mm starkem Moosgummi aus und stützen ihn zusätzlich von hinten mit einem Moosgummistreifen.

2

Alle Teile laut Abbildung zusammenfügen.
Das Schäfchen wird beidseitig gestaltet und im Garten plaziert.
Für die Schnecke einen Moosgummistreifen aufrollen und mit dem Körper verkleben.

3

Zaun, Tulpen, Baum und Schäfchen kantig aufkleben.
So entsteht ein sehr plastischer Ostergarten für Ihre Tischdekoration oder für die Fensterbank.

Der Osterhase lacht und wünscht Euch gute Nacht

Material:
Moosgummi 3 mm:
Gelb, Weiß
Moosgummi 2 mm:
Hellblau, Beige, Braun, Rosa,
Weiß, Lila, Gelb, Lavendel
6 Wackelaugen, 7 mm Ø
Moosgummi-Buchstaben,
ausgestanzt,
in verschiedenen Farben

1

Der Mond, der große Stern und die Wolken sind aus 3 mm starkem Moosgummi gearbeitet, alle anderen Teile aus 2 mm starkem.

2

Bei allen Häschen kleben Sie zunächst die Ohrinnenteile und dann die Haare auf. Jedem wird ein Bein von hinten an den Körper geklebt. Dann Arme, Zähne und Stummelschwänzchen ergänzen.

3

Den gähnenden Hasen in den Mond setzen, Augen ankleben und das Gesicht aufmalen. Er hält einen Stern in der Hand. Der zweite Hasenbub läuft auf zwei hintereinandergeklebten Wolken. Der dritte turnt auf einem Stern. Die beiden letzteren bekommen auf Vorder- und Rückseite ein Gesicht.

4

Auf der größeren Wolke positionieren Sie den Schriftzug. Im Vordergrund schwebt noch eine kleine Wolke mit einem Stern. Alle Teile werden an Fäden befestigt und in einen Zweig gehängt.

GUTE
NACHT

Platzdeckchen mit Serviettenhalter und Eierbecher

Material:
Moosgummi 3 mm: Grün
Moosgummi 2 mm: Hellgrün, Beige, Braun, Lila, Rosa
2 Wackelaugen, 7 mm Ø
Perlmuttliner

1

Stups, den Osterhasen, komplett zusammenkleben, bemalen und auf der rechten Seite der grünen Wiese plazieren. Ein breites Grasbüschel vor dem Bauch fixieren.

2

Für den Eierbecher ein Grasteil zu einem Ring biegen, verkleben und kantig auf der Wiese befestigen.

3

Als Serviettenhalter kleben Sie das dritte Grasteil als Schlaufe an den markierten Stellen auf.

4

Ein paar verzierte Eier schmücken das praktische Frühstücks-Set.

